T0343539

EL LIBRO DE LAS RESPUESTAS

CONFÍA EN TU ORÁCULO MÁGICO

GAIA ELLIOT

cincotintas

El mundo es un lugar misterioso
e incierto. Pero incluso ante los
retos y la incomodidad, gozamos de
oportunidades para explotar nuestros
puntos fuertes y talentos. A menudo,
nos sentimos intranquilos ante el
camino que se nos abre y no sabemos
cómo podemos manifestar nuestros
verdaderos deseos. En esos momentos,
hay que recurrir a la sabiduría innata que
compartimos con el universo y confiar
en ella. Las respuestas no siempre son
obvias ni fáciles de reconocer, ya que no
siempre buscamos en el lugar adecuado.
A veces, solo hace falta poner un pie
delante del otro hasta que la respuesta
se revele por sí misma; otras veces, nos
llega en una ensoñación, un momento
de iluminación creativa o de conexión,
y los planetas parecen alinearse de repente.

Sea cual sea tu camino vital, cuentas
con más poder del que piensas y las
respuestas que buscas están más cerca
de lo que crees. El universo es un
recurso y su sabiduría está disponible a
través del mundo natural, de tu relación
contigo mismo y con otras personas, y
de tu actitud general. Una mentalidad
positiva y la búsqueda activa son clave
y requieren cierto enfoque y aplicación.
Cuando este enfoque se convierte en
una forma de ser, se maximizan las
oportunidades que brinda la vida.
Creerlo es el primer paso; darse cuenta
de ello a través del uso de este libro
de respuestas es el segundo.

CÓMO UTILIZAR ESTE LIBRO

Considera este libro un recurso interno que te proporciona los conocimientos que necesitas para tomar decisiones. Sostén el libro en tu mano dominante y concéntrate en el poder del universo, imaginando que está a tu disposición *en este momento*, mientras ordenas tus pensamientos y te centras en tu pregunta. La pregunta puede no ser más que una cuestión fugaz sobre algún problema en el trabajo, o bien un dilema importante o una decisión difícil que debes tomar. No importa. Aunque la respuesta no resulte evidente enseguida, ten fe y mantente abierto a la miríada de formas en que puede revelarse.

Este es el poder que se te brinda para que des el siguiente paso en tu vida diaria, tu carrera o tus relaciones.

Ten en cuenta que el tiempo es una construcción que nos imponemos en nuestras vidas, necesaria para programar una reunión o tomar un tren. Pero en realidad, no siempre es obvio que algo cambiará en una hora, un día, una semana o un año. A veces debemos aprender lecciones antes de que las cosas se aclaren, así que *confía en el proceso* y, llegado el momento, verás claro que el tiempo es tu amigo.

Dedica un instante
a prestar atención a la
belleza del mundo
natural: la espiral de la
concha de un caracol,
el vuelo de una pluma,
la textura de un guijarro,
el romper de una ola.
Cada uno con su propia
armonía ayuda a
reequilibrar la tuya.

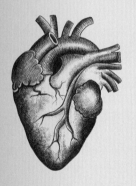

Tú eres el autor de tu propio futuro; empieza a escribirlo con compasión y positividad.

Si te sientes abrumado,
presiona el botón de
pausa y concéntrate en
tu respiración. Inspira
contando hasta cinco,
aguanta hasta cinco,
expira hasta cinco.
Practica este ejercicio a
diario para convertirlo
en un recurso de
emergencia.

Cada ocaso es un
amanecer en otra parte
del mundo. Atesora
la renovación diaria
de la vida y respeta sus
ritmos; tu cuerpo y tu
alma lo agradecerán.

No hagas del pasado
una condena perpetua.
Aprende sus lecciones
y sigue adelante.

Mantén la curiosidad
por las personas,
los lugares y las
experiencias.
La curiosidad potencia
la vida y dispara la
creatividad y las
conexiones.

Concéntrate solo
en lo que es más
importante hoy.

Cuando tu niño
interior quiera bailar,
pon música fuerte
y pide a otros que
se unan a ti.

La felicidad no es
un resultado final,
es la práctica diaria
de reconocer y
construir pequeños
momentos que
enriquecen la vida.

En caso de duda, camina.
Caminar fomenta la
creatividad y promueve
la calma. Favorece el acceso
al inconsciente, donde se
guardan muchas respuestas.

Di que sí, no porque
creas que debes, sino
porque te parece
bueno para ti.

Hacerse mayor es
un privilegio. Aprende
del proceso y no te
disgustes por el paso
de los años.

La insatisfacción puede
ser un estímulo para
un mayor esfuerzo,
no la ignores.

A veces, las cosas más
simples refrescan el
alma: el coro de aves
al amanecer, una taza
de té o café preparada
por un amigo, una
luna nueva.

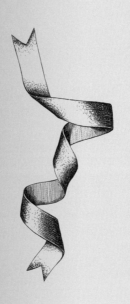

Trata los obstáculos
como peldaños hacia
un futuro mejor.

Vivir con incertidumbre
suele ser difícil pero
necesario: sé paciente
con el mundo, pues
se mueve a su
propio ritmo.

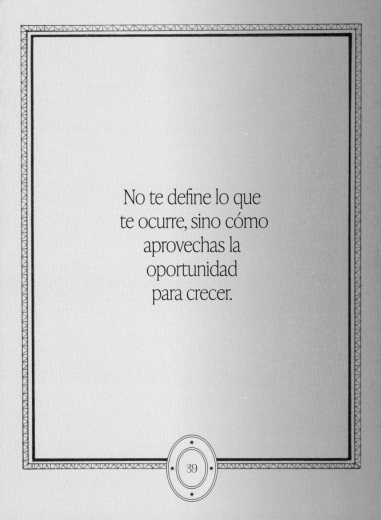

No te define lo que
te ocurre, sino cómo
aprovechas la
oportunidad
para crecer.

La importancia del
descanso y la relajación
suele infravalorarse,
pero ayudan a
concentrarte en un
mundo ajetreado.

El aburrimiento
es tu aliado. Te
concede tiempo
para preguntarte
acerca del mundo
y libera la mente para
que cree conexiones.

Sonríe más. Con ello
activas el centro de
bienestar del cerebro
y provocas una respuesta
positiva en los que te
rodean.

A cada destino se
llega tras un viaje, así
que asegúrate de
disfrutar del camino.

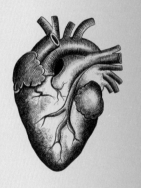

Acuérdate de descartar
las ideas que ya no te
sirvan. Si te resulta difícil,
escríbelas en un papel,
déjalas reposar toda la
noche y luego quémalas
al aire libre y deja que las
cenizas se alejen volando.

Todo pasa.
Esto también pasará.

No subestimes el valor
de los árboles. Camina
entre ellos y reconoce
su poder para
conectarte con la
energía de la tierra.

Tu tiempo es precioso.
Dalo con generosidad
pero con intención y
no lo malgastes con
quien no lo valore.

Sigue adelante.
Ningún sentimiento
es definitivo.

Somos aquello
que hacemos
repetidamente. Sigue
hábitos diarios
positivos y haz de
lo positivo un hábito.

En caso de duda, haz
una pausa y consulta
el asunto con la
almohada.

Comienza con lo que tengas; haz lo que puedas con ello.

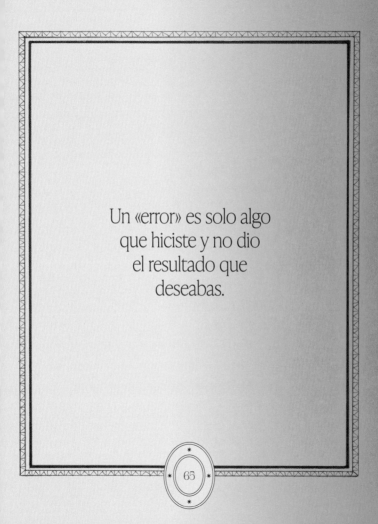

Un «error» es solo algo
que hiciste y no dio
el resultado que
deseabas.

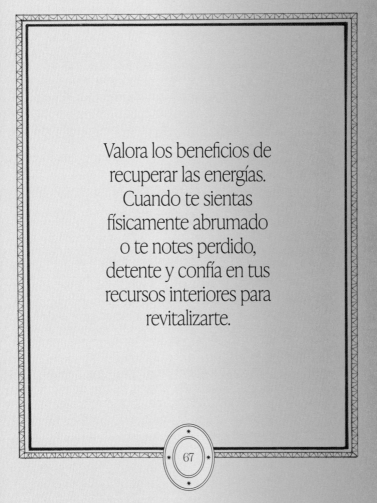

Valora los beneficios de
recuperar las energías.
Cuando te sientas
físicamente abrumado
o te notes perdido,
detente y confía en tus
recursos interiores para
revitalizarte.

El amor no es finito.
Es un acto de infinito
perdón que te libera
de tu pasado.

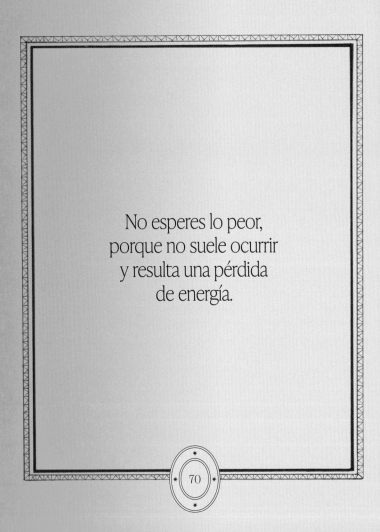

No esperes lo peor,
porque no suele ocurrir
y resulta una pérdida
de energía.

UTILIZA TUS SENTIDOS
PARA RECONECTAR
CON EL MUNDO.

1

Observa una abeja polinizando una flor.

2

Escucha la lluvia caer y nutrir la tierra.

3

Siente la textura del tejido al doblar las sábanas.

4

Regodéate en el aroma de un lirio.

5

Saborea una manzana.

Tu mayor inversión
siempre eres tú.

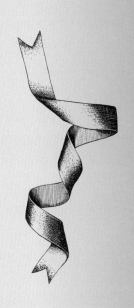

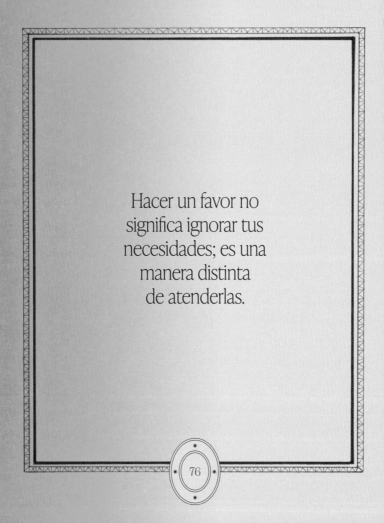

Hacer un favor no
significa ignorar tus
necesidades; es una
manera distinta
de atenderlas.

Pedir un deseo a una
estrella fugaz sirve
para recuperar la
concentración y
reavivar un sueño.

Cuando nada parece
funcionar, no insistas:
intenta otra cosa.

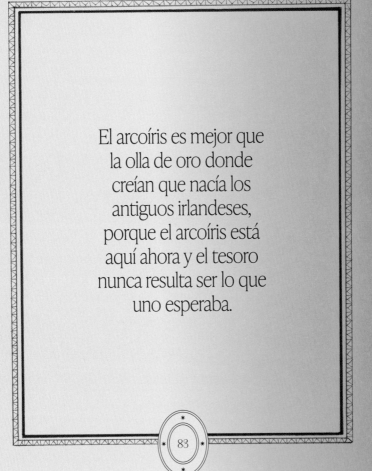

El arcoíris es mejor que
la olla de oro donde
creían que nacía los
antiguos irlandeses,
porque el arcoíris está
aquí ahora y el tesoro
nunca resulta ser lo que
uno esperaba.

Repite una tarea difícil
mentalmente hasta
que te resulte familiar.

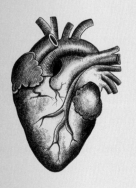

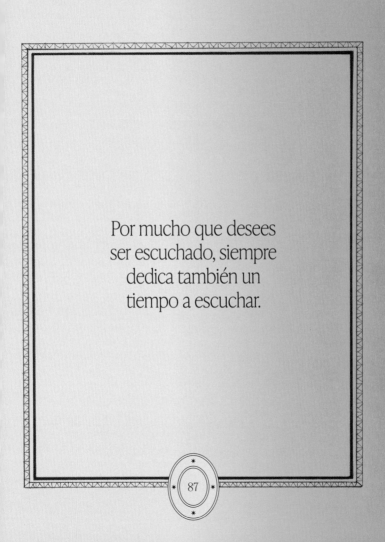

Por mucho que desees
ser escuchado, siempre
dedica también un
tiempo a escuchar.

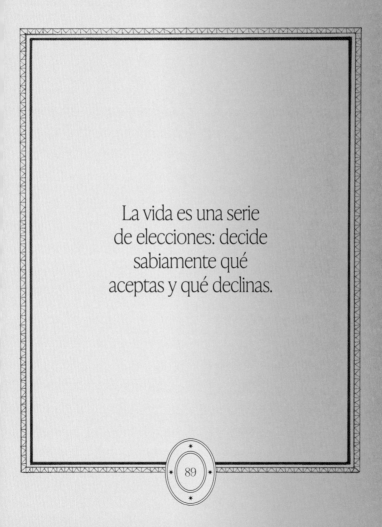

La vida es una serie
de elecciones: decide
sabiamente qué
aceptas y qué declinas.

Tu cumpleaños es el inicio de tu año nuevo personal, y siempre motivo de celebración.

Baja el ritmo. Bajar la
marcha te ofrece más
agarre a la carretera
y suele conducir a
mejores resultados.

Encuentra tres
maneras diferentes
de decir «sí» hoy.

La resiliencia solo
se aprende con la
adversidad; solo a
través de la experiencia
es posible aprender
a gestionar los
momentos difíciles.

Escribe un diario
personal a mano con
tus pensamientos
e intenciones.
La conexión
oculomanual ayuda
a concentrarse
y formular ideas
creativas.

Nunca dejes que se
ponga el sol cuando
discutas: haz las paces
antes de acostarte.

Lo que cuenta no es
lo que te pase, sino
cómo reaccionas a ello.

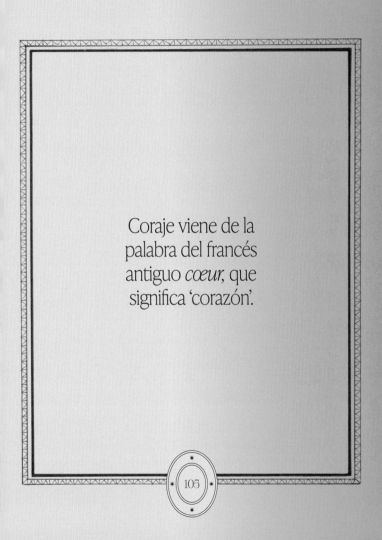

Coraje viene de la
palabra del francés
antiguo *cœur*, que
significa 'corazón'.

Cuando las cosas se
ponen difíciles, hay
que ponerles corazón.

No permitas que
la procrastinación te
impida empezar: el
mejor momento para
comenzar es ahora.

LAS VISTAS A
LA NATURALEZA
REFRESCAN LA
ACTIVIDAD NEURAL.

1

Sal a pasear a la naturaleza
para sentirla en acción.

2

Rodéate de plantas en casa.

3

Dedica 10 minutos a la jardinería,
aunque solo plantes una maceta
para el balcón.

4

Usa como salvapantallas una imagen
natural bonita del campo. Incluso
una escena rural colgada en la pared
te refrescará la mente.

Decidir no hacer nada
es también una opción.

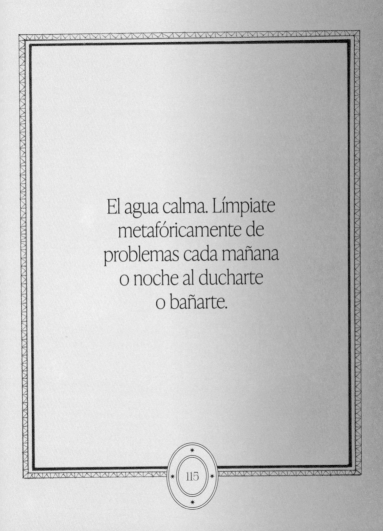

El agua calma. Límpiate
metafóricamente de
problemas cada mañana
o noche al ducharte
o bañarte.

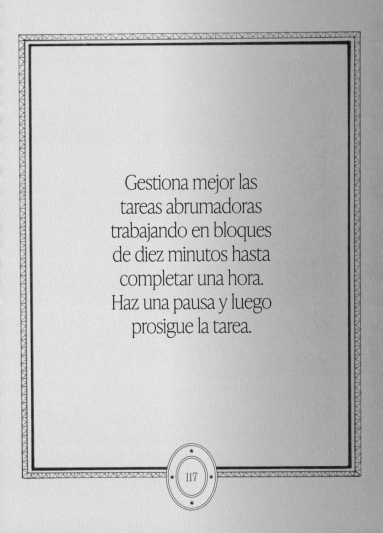

Gestiona mejor las
tareas abrumadoras
trabajando en bloques
de diez minutos hasta
completar una hora.
Haz una pausa y luego
prosigue la tarea.

No bases tu felicidad
personal en cosas que
escapan a tu control.

No importan las
herramientas de las que
dispongas, sino lo que
hagas con ellas para
conseguir tus objetivos.

Tu éxito depende de tres cosas: lo claro que sea tu plan, el empeño con que lo intentes y la medida en que tu objetivo se corresponda con tus valores.

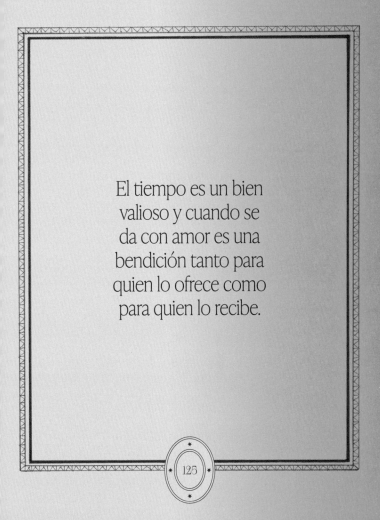

El tiempo es un bien
valioso y cuando se
da con amor es una
bendición tanto para
quien lo ofrece como
para quien lo recibe.

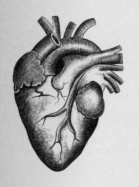

En ocasiones, una
historia tiene más de dos
versiones, pero en la
única que puedes influir
es en la tuya.

Si has sido feliz en
el pasado, volverás
a serlo.

Aprende a distinguir
entre poner límites y
decir «no». Lo primero
te mantendrá en tu
camino, lo segundo
podría hacerte perder
una oportunidad.

Acuérdate de diferenciar
entre tus objetivos y tus
sueños: los objetivos son
el resultado que tus sueños
pueden alimentar.

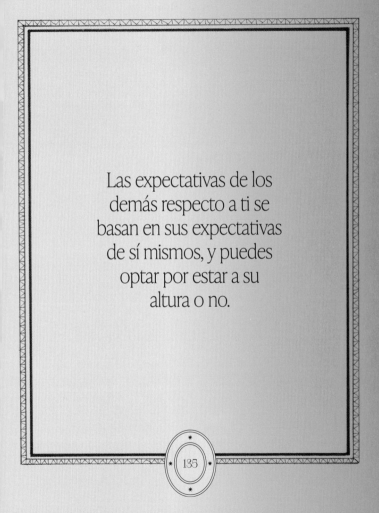

Las expectativas de los
demás respecto a ti se
basan en sus expectativas
de sí mismos, y puedes
optar por estar a su
altura o no.

Puedes elegir entre
desaprovechar o
aprovechar una
situación difícil.
Si la desaprovechas,
te estancas; si la
aprovechas, puedes
progresar.

Imagina y visualiza
tu mejor yo: ahora
planea cómo
llegar ahí.

Si el camino parece
oscuro, enciende una
vela en tu mente.
Concéntrate en la llama.
Contempla cómo se
mantiene encendida
incluso ante una
bocanada de aire.
Conviértete en
esa llama.

El tiempo es un
constructo ideado para
ayudarnos a seguir
un horario.

USA LOS SENTIDOS
PARA RECONECTAR
CUERPO Y MENTE.

1

Descálzate para arraigar tu energía.

2

Levanta el ánimo oliendo una rosa.

3

Calma tu piel con aceites naturales.

4

Escucha el canto de las aves cuando puedas.

5

Saborea la comida. Cada alimento
es una bendición.

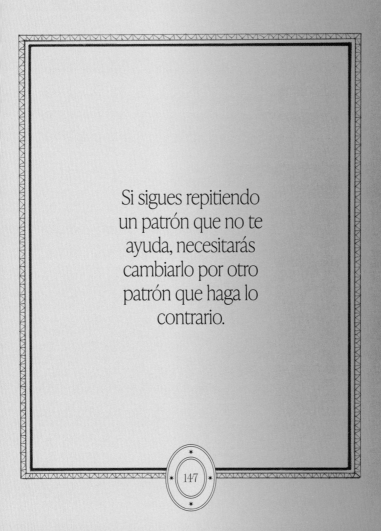

Si sigues repitiendo
un patrón que no te
ayuda, necesitarás
cambiarlo por otro
patrón que haga lo
contrario.

Cada día tomas unas 30 000 decisiones. La mayoría, instintivamente mediante la intuición, basadas en experiencias vividas. Confía en tu intuición y sé más decidido.

Gusta lo ajeno más por ajeno que por bueno; cuida lo tuyo, que es también ajeno para otras miradas.

Cuando todo falle,
ten fe.

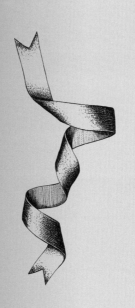

Si necesitas un sueño
más sereno, tranquiliza
tu mente con un
puñado de hojas de
melisa y lavanda con
miel, añadidas a una
taza de leche caliente.

Despierta tu energía
creativa poniendo tus
sentidos a prueba. Viste
de rojo. Dirígete al trabajo
por otro camino. Visita
una galería de arte a la
hora del almuerzo.
Cambia el café de la
mañana por una infusión.

Algunos días son
duros. Nos ayudan
a valorar los tiempos
más llevaderos.

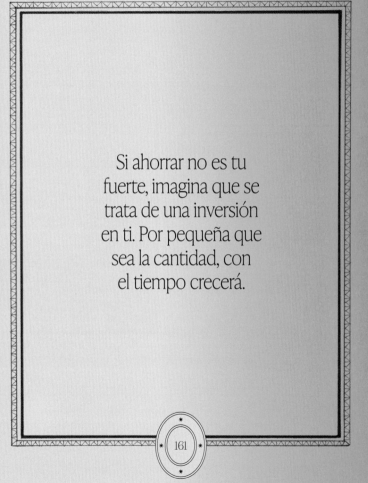

Si ahorrar no es tu
fuerte, imagina que se
trata de una inversión
en ti. Por pequeña que
sea la cantidad, con
el tiempo crecerá.

Practica el cuidado de un
espacio de paz interior.
Tal vez no necesites este
recurso ahora, pero
cuando sea el momento,
estará listo.

La risa no debe
reservarse para
ocasiones especiales,
sino que debe
compartirse cada día.

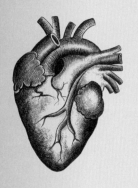

Cuando alguien te regale
tiempo, acéptalo con
gracia; quizás sea todo
lo que pueda ofrecerte.

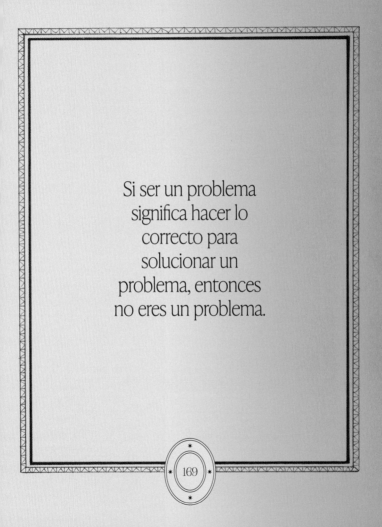

Si ser un problema
significa hacer lo
correcto para
solucionar un
problema, entonces
no eres un problema.

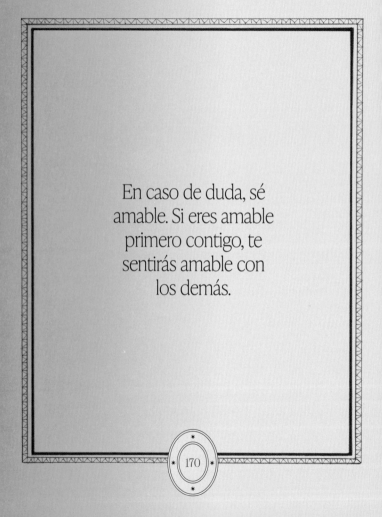

En caso de duda, sé
amable. Si eres amable
primero contigo, te
sentirás amable con
los demás.

Conecta tus
sentimientos con
pensamientos
racionales siguiendo
la lección de la libélula,
que vive entre los
reinos del agua y el aire.

La vida no puede
vivirse en una
burbuja, hay que salir
y dejar que el
universo revele lo que
planea para ti.

El amor no morirá si
se alimenta la fuente.
Dedica un momento
cada día a recordar
a quién y qué amas.

Tu experiencia de
vida es solo tuya:
puedes encontrar
oportunidades donde
decidas buscarlas.

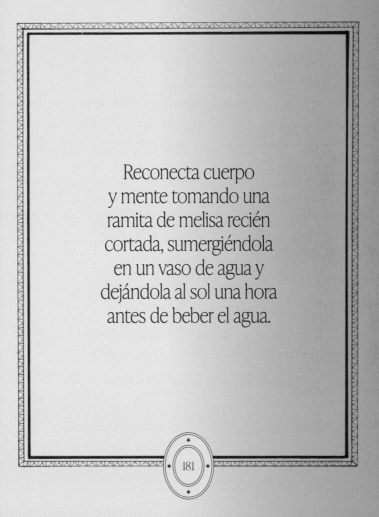

Reconecta cuerpo
y mente tomando una
ramita de melisa recién
cortada, sumergiéndola
en un vaso de agua y
dejándola al sol una hora
antes de beber el agua.

No temas aquello que
deseas hacer, intentarlo
nunca es un fracaso.

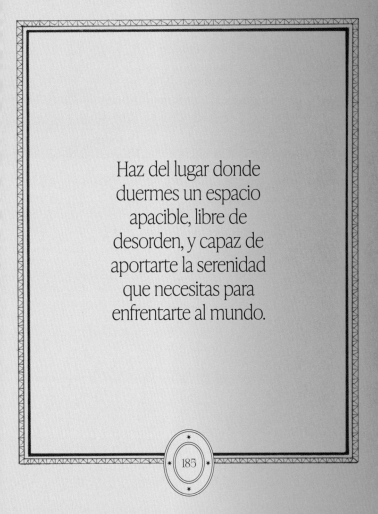

Haz del lugar donde
duermes un espacio
apacible, libre de
desorden, y capaz de
aportarte la serenidad
que necesitas para
enfrentarte al mundo.

Si tu lista de tareas
pendientes es larga, empieza
por la más fácil: eso te dará
la confianza para seguir con
la siguiente hasta que, de
repente, no quede ninguna.

CADA LUNA NUEVA
ES EL INICIO DE OTRO
PODEROSO CICLO LUNAR.

APROVÉCHALA PARA
MANIFESTAR TUS
OBJETIVOS Y DESEOS.

1

Enciende una vela.

2

Sostén tu cristal preferido en la mano
izquierda para conectar su energía con
tu corazón.

3

Escribe las tres palabras que mejor
resuman lo que quieres.

4

Colócalas debajo de la almohada
y duerme con ellas para cimentar
tu intención.

No permitas que
sacrificarte para el
grupo te provoque
resentimiento. Incluye
tus propias necesidades
en la ecuación para
evitarlo.

La respuesta a la
mayoría de preguntas
es un simple «sí» o «no».

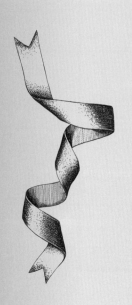

En caso de duda,
recuerda la magia de
esta tríada: pensarlo,
planificarlo, hacerlo.

La llave es un
símbolo de abertura.
Concéntrate en ella
para desbloquear tu
potencial y abrir la
puerta hacia un
nuevo camino.

Cuando veas una pluma
blanca, imagina que cayó del
ala de un ángel y acuérdate
de que tu guía espiritual
te acompaña.

El silencio puede ser
un bálsamo para el alma.
Inclúyelo en tu vida.

No subestimes el poder
de simplemente acudir.
Tu presencia posee
un enorme valor.

La mente puede viajar,
igual que el cuerpo.
Leer ficción te llevará
a nuevos mundos,
te proporcionará
nuevas perspectivas
y te ofrecerá nuevas
ideas sobre el
funcionamiento
del mundo.

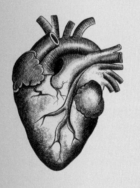

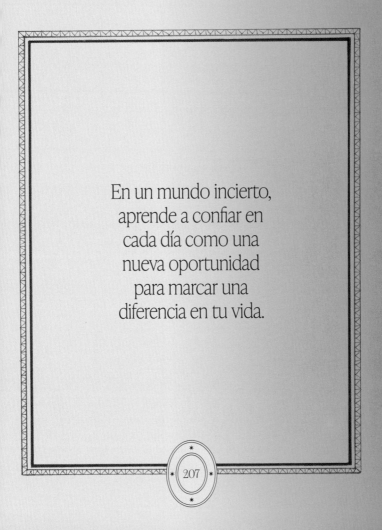

En un mundo incierto,
aprende a confiar en
cada día como una
nueva oportunidad
para marcar una
diferencia en tu vida.

Encuentra lo que te motiva
-¿es el palo o la zanahoria?-
y úsalo para ponerte
en marcha.

No pierdas el tiempo
viviendo una versión
de tu vida que
pertenezca a otra
persona: vive tus
auténticos sueños.

Vive al ritmo del
universo y busca
sus señales para
que te guíen.

Cuando sabes lo que
vales, nadie puede
hacerte sentir inútil.

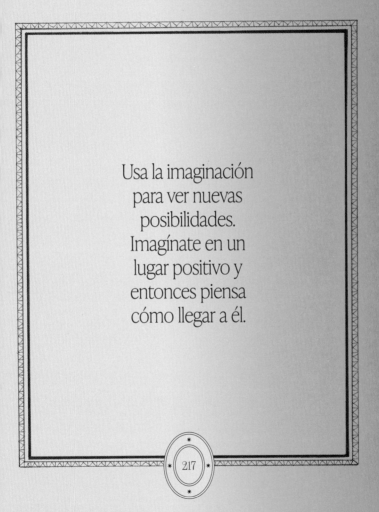

Usa la imaginación
para ver nuevas
posibilidades.
Imagínate en un
lugar positivo y
entonces piensa
cómo llegar a él.

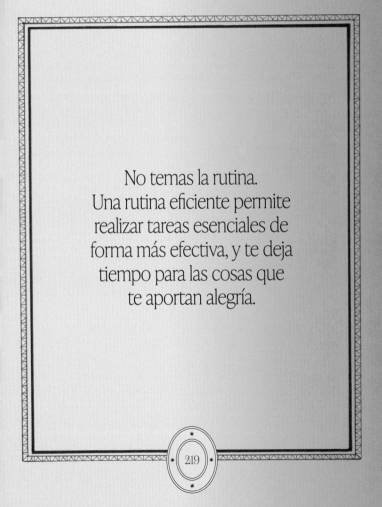

No temas la rutina.
Una rutina eficiente permite
realizar tareas esenciales de
forma más efectiva, y te deja
tiempo para las cosas que
te aportan alegría.

Ponte una prenda roja
para levantarte el ánimo
y sentirte valiente.

Cuando tengas
ocasión, busca un
árbol bonito y
túmbate debajo para
observar los patrones
de las hojas contra el
cielo; eso te recordará
los regalos que el
universo te reserva.

No se trata del tiempo
que tardes en alcanzar
tu destino, sino de lo que
el viaje puede enseñarte.

Recuerda que algo puede
tardar diez años en
convertirse en un éxito
repentino. Empieza ya.

No todo es un enigma por resolver. A veces, solo hay que esperar a que los hechos se revelen.

Cuando alguien
te muestre quién
es, créele.

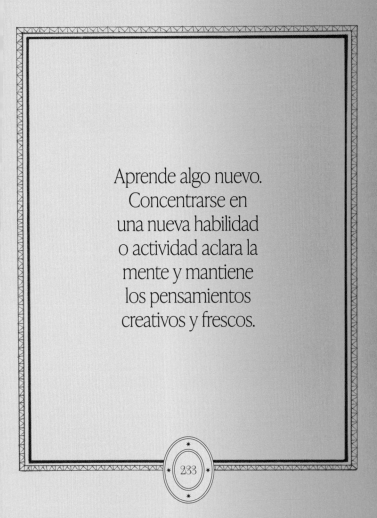

Aprende algo nuevo.
Concentrarse en
una nueva habilidad
o actividad aclara la
mente y mantiene
los pensamientos
creativos y frescos.

Si un viejo amigo te
viene a la mente de
manera espontánea
e inesperada, ponte en
contacto con él, ya que
tal vez también él esté
pensando en ti.

Confía en tu instinto
cuando te indique que
digas «no». Poner límites
es sano y a la larga sale
a cuenta.

La luna llena es un
momento de celebración.
Aprovecha la luz que
refleja para iluminar
tu progreso del pasado
ciclo lunar. Dedica un
momento a reflexionar
sobre la certeza de los
ritmos de la naturaleza
y seguirlos.

Recuerda que tus
pensamientos se basan
en tus creencias, y
viceversa. Cerciórate de
que estas creencias son
precisas y discútelas
si ya no te sirven.

Cuando das un abrazo,
automáticamente
recibes otro.

Reserva siempre tiempo
para celebrar tus logros,
tus amistades, tu vida.
La vida es tan buena
como decidas que sea.

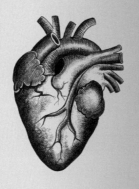

CUANDO SE TE ACABE
LA ENERGÍA, SIGUE ESTOS
TRES PASOS PARA
RECUPERARLA:

1

Detente.

2

Respira.

3

Concéntrate.

Lo tienes controlado.

Pensar negativamente
es una táctica de
supervivencia, pero
puede afectar tus
actividades diarias.
Compensa estos
pensamientos
practicando la gratitud.

El diez por ciento es lo
que te pasa; el resto, cómo
reaccionas. Lo que no
enriquezca tu vida
no pertenece a tu vida.

Haz algo hoy que no
hayas hecho nunca. Pinta
un cuadro. Nada en el
mar en invierno. Háblale
a un desconocido en el
autobús. Transgrede tus
normas a ver qué pasa.

La primavera siempre
regresa. Es una de las
mayores garantías de
la vida.

Todo el mundo dispone de las mismas 24 horas del día, pero hay quien les saca más partido. Tú también puedes.

Practica la autocompasión
y la amabilidad para
fomentar la resiliencia.
Te será más fácil sentirte
positivo con los demás.

Si alguien te hace sentir
que eres «excesivo», esa
persona no te conviene.

El futuro siempre te ofrece
un espacio: adéntrate
en él con certeza.

Si tu plan no funciona,
varía la posición desde la
que observas tu objetivo.

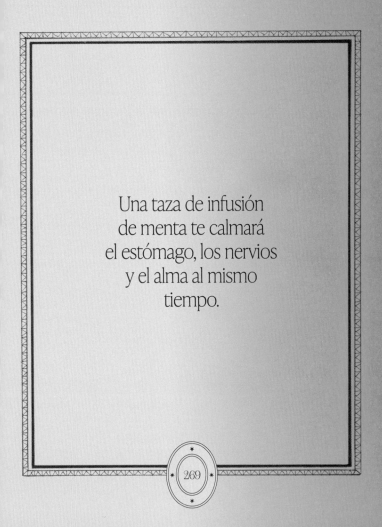

Una taza de infusión
de menta te calmará
el estómago, los nervios
y el alma al mismo
tiempo.

Se tarda un tiempo
en ver que los
deseos se pueden
cumplir.

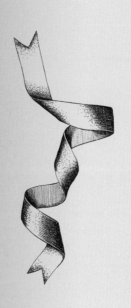

A veces, solo necesitas
descansar. Casi todo irá
mejor después de un rato
de desconexión.

No olvides que algunas
de tus mejores ideas
todavía no se te han
ocurrido.

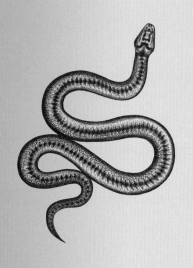

Al final de cada día,
enumera tres cosas
buenas que te hayan
pasado.

En un mundo lleno de
incertezas, observa los
ciclos de la naturaleza para
encontrar arraigo.

No sueñes con el éxito;
trabájatelo.

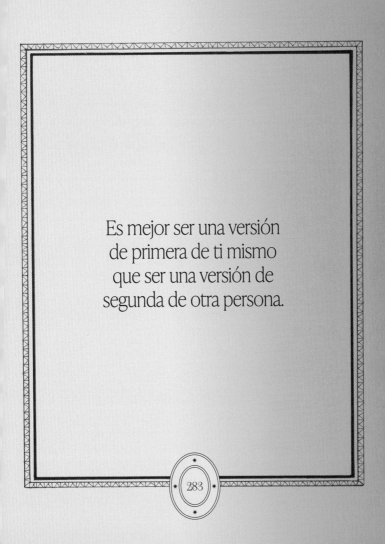

Es mejor ser una versión
de primera de ti mismo
que ser una versión de
segunda de otra persona.

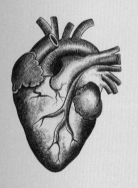

El cambio siempre
es posible. Comienza
poco a poco y
observa cómo ocurre.

El cuidado personal diario
es imprescindible para
sobrevivir.

Tus límites definen
quién eres, pero no dejes
que te alejen de buenas
oportunidades. En ocasiones
hay que revisarlos.

¿Has hecho lo que estaba
en tu mano? Entonces
da el siguiente paso con
confianza.

Siempre hay tiempo
para oler las rosas.

Cuando te falte inspiración,
toma un cristal de cuarzo
transparente con la mano
derecha, pon la izquierda
encima y une ambas.
Cierra los ojos y escucha tu
corazón para ver qué te dice.

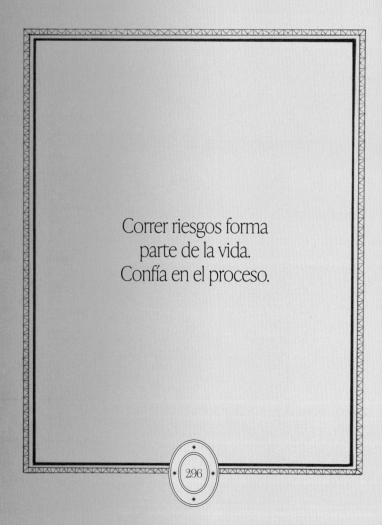

Correr riesgos forma
parte de la vida.
Confía en el proceso.

Para desarrollar tu intuición,
anota pensamientos e ideas
pasajeros, y observa cómo
se conectan con el mundo
que te rodea.

En un círculo de compasión, tú estás en el centro.

Saluda cada estación con alegría. La primavera, porque te alegra el corazón. El verano, para celebrar la vida. El otoño, para reconocer tus bendiciones. El invierno, porque te recarga cuerpo y mente.

Nunca es demasiado tarde
para planificar un nuevo
comienzo.

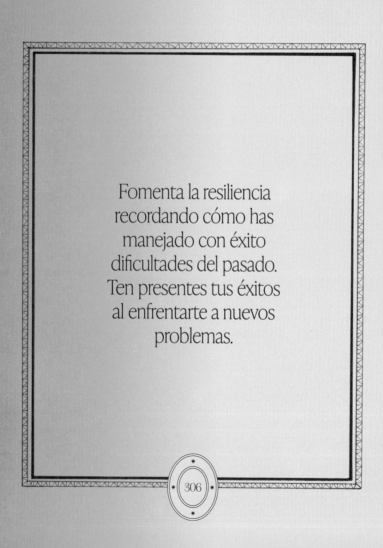

Fomenta la resiliencia
recordando cómo has
manejado con éxito
dificultades del pasado.
Ten presentes tus éxitos
al enfrentarte a nuevos
problemas.

Si buscas una señal,
aquí está.

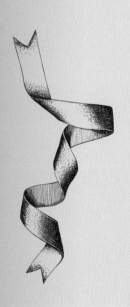

Empieza con lo que
tengas y cultiva sus
posibilidades.

No hay nada
vergonzoso en pedir
ayuda: damos tanto
como recibimos al
aceptar la ayuda
de los demás.

La confianza surge
al afrontar un reto,
no al ignorarlo.

Limpia tu espacio de trabajo
dejando un cristal de cuarzo
transparente en tu escritorio.

Lo mejor todavía
no ha llegado.

Una sonrisa es un regalo,
tanto para quien la ofrece
como para quien la recibe.
Nunca es en vano.

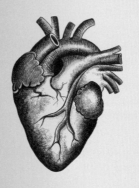

Para limpiar tu energía
y revigorizar tu propósito,
pon una ramita de romero
fresca en un vaso de agua
y déjalo al sol una hora
antes de beber el agua.

Cuidado con la
esterilidad de una vida
frenética.

Prosperar en la vida es
un proceso activo y
requiere inversión: mantén
tu cuerpo fuerte y tu
mente curiosa.

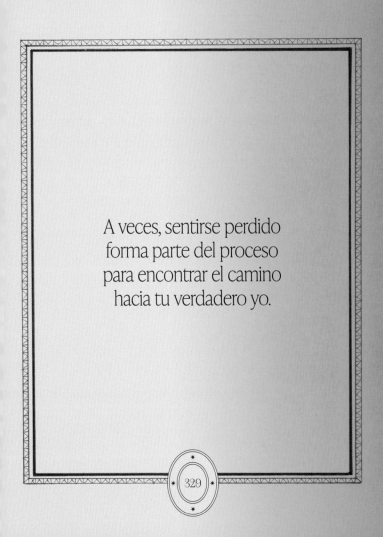

A veces, sentirse perdido
forma parte del proceso
para encontrar el camino
hacia tu verdadero yo.

Asegúrate un día de
descanso a la semana.
Recargar y restaurar el
cuerpo y la mente es parte
importante de la vida.

Ábrete a la capacidad de
tu yo sensual para elevar
tu alma. Si posees cinco
sentidos es por algo, así
que disfruta del mundo
que te muestran.

A veces, simplemente
hay que decir «no».

Todo viaje empieza con una intención, y este es el primer paso. El resto irá llegando.

Hacer lo debido
suele ser lo más fácil.

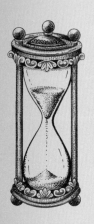

Lo que has conseguido
hoy es lo que soñabas
ayer. Los sueños
pueden hacerse
realidad.

Para sentirte realizado con
lo que haces, elige algo
que te encante hacer.

PARA ELIMINAR LA
ENERGÍA NEGATIVA,
SAHÚMA CON SALVIA
EL AMBIENTE.

1

Toma una ramita de salvia y prende
el extremo de las hojas.

2

Sopla la llama para avivar la brasa.

3

Sahúma tu entorno con la ramita
encendida.

4

Repite «el aire está limpio» en voz alta
tres veces. Asegúrate de que apagas
bien las brasas ardientes después
de completar este ritual.

Puede sonar a cliché, pero
hoy es verdaderamente
el primer día del resto
de tu vida.

En un mundo incierto, una
rutina diaria puede ayudarte
a sentirte arraigado.

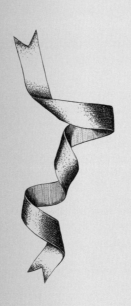

No alimentes al lobo que
perturba tu paz mental.
Con calma, dile que se vaya.

La respuesta no reside en intentarlo con más ahínco, sino en probar de otra manera.

Elabora una lista con tus
progresos y logros, del
menor al mayor, y ponle una
estrella dorada a cada uno.
Cuélgala en la pared o llévala
en la cartera.

No permitas que domine
tu vida una agenda llena:
incluir tiempo de descanso
es esencial.

Tus sentimientos son tus
emociones en acción:
úsalos a tu favor.

Responsabilízate de tu vaso
y asegúrate de que siempre
esté medio lleno y no
medio vacío.

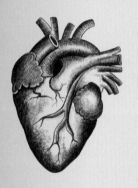

Elige una palabra monosilábica para centrar tu atención: flor, sol, luz, mar, pan. Empieza buscando su significado básico y descubre qué sabiduría te inspira.

En ocasiones, el elefante
en la habitación eres tú.

La ociosidad puede liberar tu mente y tus pensamientos.

Con cada luna nueva, tómate
unos minutos para plantearte
nuevos comienzos durante
el próximo ciclo lunar.
Comprométete con tu mejor
yo para perseguirlos.

El número tres es
mágico: búscalo en
tu vida cotidiana.

La calidad de tus relaciones
está directamente
relacionada con tu calidad
de vida.

No existe ninguna norma
que dicte que debas
ser perfecto.

Transforma los fantasmas
de tu pasado en los
ancestros de tu futuro.

Tu idea es una semilla
sembrada. Tu trabajo
la nutrirá hasta que
fructifique.

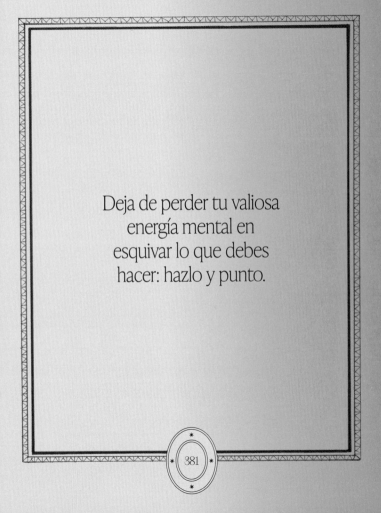

Deja de perder tu valiosa
energía mental en
esquivar lo que debes
hacer: hazlo y punto.

No desees la luna cuando
tienes las estrellas.

El éxito no conoce límites.
Empieza ahora a hacer
tus sueños realidad.

DOS SEÑALES QUE
INDICAN QUE VAS
POR BUEN CAMINO:

1

Te sientes bien.

2

El final está a la vista.

Mantente abierto al mundo
y a lo que te ofrece cada día.

Lo importante no
siempre es visible a los
ojos: solo el corazón
lo ve con claridad.

Suelta lo que ya no te sirve
y atesora lo que sí.

Evita a las personas que te
irritan y te molestan, y da
la bienvenida a las que
te desafían y te apoyan.

No normalices el
comportamiento
exageradamente
ocupado. El caos es
solo una distracción
de lo que de verdad
importa.

Recuerda que el
descanso diario es
la base sobre la que
construyes tu poder.

Una vida fácil no siempre conduce al éxito. La lucha y la adversidad confieren fortaleza de carácter.

Comparte tus alegrías
igual que tus problemas.

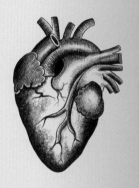

CUANDO TE FALTE INSPIRACIÓN, PRUEBA ESTO:

1
Sal a pasear.

2
Queda con un amigo.

3
Contempla las vistas.

Celebra los éxitos de tus
amigos y ellos valorarán
los tuyos.

La luna llena es un punto
y aparte. El final de un ciclo.
Cierra la puerta a lo que
no te funcionó y comienza
algo nuevo.

Convierte la
autenticidad y la
integridad en tus
piedras angulares;
te sostendrán
con firmeza.

Para pulir el amor en tu corazón,
mantén cerca un cristal de
cuarzo rosa.

No temas la intimidad.
Nos acercamos a nosotros
mismos cuando nos
permitimos acercarnos
a los demás.

Si estás buscando
una señal, empieza
con lo que sabes.

Cuando en tu vida
se repiten patrones, aprende
la lección que te den
y sigue tu camino.

Alimenta tu cuerpo
y mente con buenos
ingredientes.

Tu alma gemela son
tus necesidades
reconocidas.

Busca la magia en el día a día.
Suele encontrarse donde
menos te lo esperas.

El cambio siempre será
un aspecto de la vida:
acéptalo.

Cuando dudes de tu
capacidad de seguir adelante,
recuerda que el universo te
protege y quiere que triunfes.

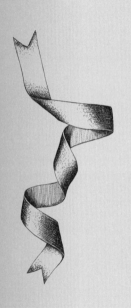

Busca el pequeño
núcleo de calma en el
ojo de cada huracán.

La vida nunca es perfecta
y ahí radica su belleza.

Establece límites.
Reclama tu espacio
y deja que los demás
tengan el suyo.

Ofrece a los otros los
ánimos que te gustaría
recibir y tu camino
se abrirá.

Las primeras
impresiones no lo
son todo, pero son
un buen comienzo.
Haz que las tuyas
sean buenas.

Arriésgate a ser
espontáneo. Arriésgate
a ser curioso. Luego
observa qué puertas
se te abren.

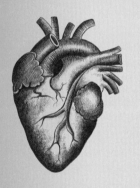

Conviértete en el tipo
de persona a la que
te gustaría conocer.

ANTES DE UN GRAN
ACONTECIMIENTO,
RECUERDA ESTAS
TRES COSAS:

1

Prepárate.

2

Practica.

3

Sonríe.

Nunca mates una
araña. En su lugar, pide
su bendición a la diosa
griega Aracne y
déjala en paz.

Si la respuesta no está clara
hoy, prueba mañana.

Baja el ritmo. No siempre
hay que hacerlo todo
deprisa.

Un ramito de lavanda, melisa y romero en un jarrón ayuda a alejar los pensamientos negativos.

MEJORA TU INTUICIÓN
CON ESTA MEDITACIÓN:

1

Siéntate tranquilo a solas.

2

Visualiza algo que tenga
significado para ti.

3

Imagínalo rodeado de luz blanca.

4

Busca su aparición en las próximas
24 horas.

Expresa tu placer por la
alegría presente en tu vida
y atraerás más.

La cura para el aburrimiento es
la curiosidad. Explora tu mundo,
empezando por lo que esté
en el umbral de tu puerta.

Es posible que no puedas
cambiar el inicio de algo, pero
tuyo es el poder de elegir
cómo continúa.

Vivimos la vida en el
presente. Acéptalo
y te sentirás libcrado.

El primer borrador nunca
es el definitivo, sino un paso
hacia algo acabado.

Para aprovechar tu creatividad,
debes ser valiente y dejar de
lado las certezas.

Cuando te sientas
intranquilo, vuelve a conectar
cuerpo y mente clasificando
la ropa sucia u ordenando
el escritorio.

Solo después de un
acontecimiento sabemos
lo acertado que fue
el momento.

Si las normas no
cuadran, aplica
las tuyas.

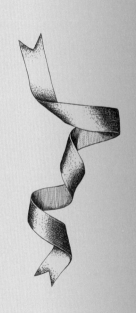

¿Deseas tener razón o ser
feliz? En ocasiones, vale
la pena cerrar la boca.

Comprométete contigo
mismo a encontrar
espacio para tus sueños.

La primera estrella visible al anochecer suele ser Venus, el planeta del amor. Pídele un deseo cada vez.

Reconoce que la suerte
a menudo desempeña un
papel en nuestro progreso
y aprovéchala al máximo.

Lo único que te
detiene es la voz
de tu cabeza.

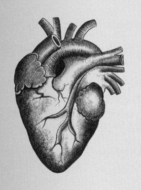

Hacer favores es mágico:
las buenas acciones
siempre acaban siendo
recompensadas.

A veces hay que
mover los postes
para marcar gol.

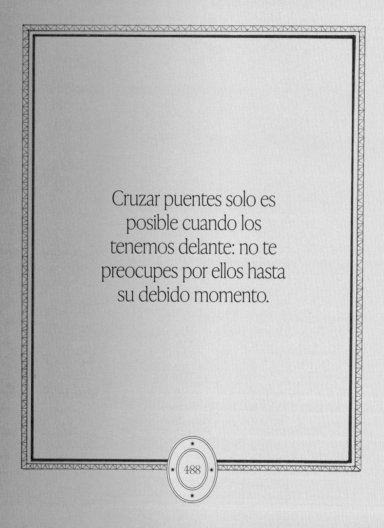

Cruzar puentes solo es
posible cuando los
tenemos delante: no te
preocupes por ellos hasta
su debido momento.

488

Si ya no te sirve para
tu propósito, libérate
de ello.

En el ciclo de la vida,
la regeneración se produce
muchas veces. Puedes
reinventarte y prosperar.

Ajusta tus objetivos a tus
valores para aumentar las
posibilidades de éxito.

No des mucha importancia
a lo que digan los demás: la
única voz verdadera es la tuya.

Confiar en lo divino
supone confiar en ti
mismo.

La resiliencia viene del coraje para exponerse a la vida. Te servirá.

Haz balance de tu vida.
¿Estás contento?
Si no, pregúntate qué
necesitas y el universo
responderá.

Siembra las semillas del éxito
cada día. Repítete: yo lo valgo.

Respeta el tiempo que
requiere la sanación.
Sucederá.

Recuérdale a tu yo adolescente
que todo irá bien. Está en tus
manos que así sea.

AGRADECIMIENTOS

En primer lugar, debo dar las gracias a mi inspiradora y creativa editora, siempre dispuesta a hacer un esfuerzo adicional para producir libros sustanciosos y bellos, así como a la ilustradora Lucy Pollard y al equipo de diseño de Evi-O. Studio por crear un libro tan magnífico.

También debo mi agradecimiento a los maestros, pasados y presentes, que me inspiraron en mi viaje como practicante esotérica, y me permitieron desarrollar mis propias habilidades y talentos. Así como a mi abuela romaní, que nos acercó y nos guio hacia un mundo más allá de nuestra realidad inmediata.

Finalmente, le doy las gracias a mi familia por su apoyo y amor en este viaje que llamamos vida.

510

ACERCA DE LA AUTORA

Gaia Elliot es una bruja verde residente en Londres. Le encanta cuidar su jardín y estar rodeada de naturaleza, que alimenta sus hechizos y su magia. Gaia cree que cualquiera puede aprovechar su poder interior guiándose por su intuición. Es practicante de esoterismo, ha estudiado astrología, el tarot, las runas, las leyes de la atracción, cristales, hechicería y sanación.

El viaje espiritual de Gaia comenzó de joven y nada le gusta más que ayudar a otras personas a empezar o continuar el suyo. *El libro de las respuestas* es su primera obra.

La edición original de esta obra ha sido publicada en el Reino Unido en 2024 por
Hardie Grant Books, sello editorial de Hardie Grant Publishing, con el título

The Book of Answers

Traducción del inglés
Gemma Fors

Av. Diagonal, 402 – 08037 Barcelona
www.cincotintas.com

Primera edición: mayo de 2024

Impreso en China
Depósito legal: B 22421-2023
Código Thema: VXW
Misticismo, magia y rituales

ISBN 978-84-19043-44-3